M
©
25308

NOTICE

SUR REICHA

MUSICIEN COMPOSITEUR ET THÉORISTE,

Par son Élève

J. A. DELAIRE.

AVEC PORTRAIT ET MAUSOLÉE GRAVÉS PAR MM. DIEN ET NORMAND.

PARIS.

IMPRIMERIE DE MAD. DE LACOMBE, FAUBOURG POISSONNIÈRE, 1.

1837.

TOMBEAU DE ANT.ne REICHA.

au Cimetière de l'Est.

ANT.ⁿᵉ REICHA.

Né à Prague le 27 Février 1770.
Mort à Paris le 28 Mai 1836.

NOTICE

SUR REICHA,

Musicien compositeur et théoriste,

PAR J. A. DELAIRE.

Ce n'est pas d'ordinaire aux noms des hommes qui ont le plus ou le mieux servi les arts et les sciences que s'attache la popularité, si enviée de nos jours. Ses faveurs sont plutôt le partage de ceux qui flattent les goûts et les passions des masses auxquelles ils s'adressent directement; tandis que celui qui s'applique à instruire ses contemporains, à les enrichir d'idées nouvelles, fruits de ses profondes méditations, indépendamment des résistances d'amour-propre qu'il fait naître autour de lui, ne parvient guère à être connu que par l'intermédiaire de ses disciples. Il finit néanmoins par percer; il obtient même à la longue un grand crédit parmi les savans et dans les académies; placé au nombre des hommes véritablement forts, son opinion est invoquée comme une autorité; à force d'être estimé de ses confrères, d'être cité par les hommes de sa profession, il arrive quelquefois à la célébrité; mais son nom ne pénètre pas dans la foule, et, en un mot, ne devient pas populaire. Tel fut Reicha.

Joseph-Antoine Reicha, né à Prague, le 27 février 1770, avait à peine dix mois lorsqu'il perdit son père. Sa première éducation s'en ressentit : elle fut négligée. Mais parvenu à sa onzième année, il commença à éprouver le besoin d'apprendre. Voyant qu'il y parviendrait difficilement dans la maison de sa mère, il songea à aller chercher une meilleure instruction chez son grand-père paternel qui habitait Glattow, petite ville de la Bohême près des frontières de la Bavière. Sa résolution une fois prise, il s'enfuit de chez sa mère, dans la crainte qu'elle ne s'y opposât, et muni de sa petite bourse, il s'élança sur le derrière d'une chaise de poste qui cheminait dans la même direction. Il arriva de la sorte à Glattow, après avoir eu le soin de se soustraire à la vue des voyageurs qui l'emmenaient à leur insçu. Il y séjourna peu de temps; déjà tourmenté par un vague désir de renommée, il s'aperçut bientôt que ce n'était pas encore là qu'il pouvait acquérir les talents capables de l'y conduire. Il pria donc son grand-père de l'envoyer à Wallerstein en Souabe, auprès de son oncle Joseph Reicha, qui jouissait d'une réputation méritée d'habile musicien. Cet oncle était marié et sans enfants; il avait épousé une française, native de Metz, qui ne parlait que le français, ce qui obligea le jeune neveu à apprendre en même temps deux langues très différentes l'une de l'autre, et qui n'avaient non plus aucun rapport avec celle dont il s'était servi jusqu'alors. Il était parvenu à les parler toutes trois avec une grande facilité.

C'est à cette époque qu'il commença la musi-

que, dont il n'avait reçu aucune notion en Bohême. Il se livra à l'étude du violon, du piano, et
principalement de la flûte. Ces études, qui exi-
geaient chaque jour un travail sans relâche depuis le matin jusqu'au soir, lui parurent d'abord
très pénibles; mais une fois qu'il en eut contracté
l'habitude, il devint un travailleur si passionné,
qu'il fallait souvent le contraindre à sortir de sa
chambre pour prendre du repos.

Une circonstance qui contribua beaucoup au
développement des facultés dont l'avait doué la
nature, fut la promotion de Maximilien d'Autriche, frère de l'empereur Joseph II, à l'électorat
de Cologne. Ce prince, dont la résidence était à
Bonn sur le Rhin, appela auprès de lui Joseph
Reicha, en qualité de directeur de sa musique.
Le neveu, déjà bon instrumentiste, obtint
une place dans l'orchestre de la chapelle de l'é-
lecteur. Jusque là, il n'avait été qu'un musicien
fort ordinaire; mais se trouvant à portée d'exécuter
et d'entendre journellement de bonne musique,
il fut tout à coup saisi par un vif désir de créer
lui-même de belles choses. De ce moment sa vo-
cation fut décidée; il s'adonna à la composition.
Cependant son oncle, fier d'un nom qu'il avait
honoré, et craignant que son neveu n'en sût
point soutenir l'éclat, se refusait à lui enseigner
l'harmonie, de sorte que Reicha dut chercher ailleurs l'instruction qu'il voulait acquérir. Il se pro-
cura secrètement les livres qu'il jugeait les plus
propres à l'initier dans la science à laquelle il as-

pirait, et les tenant soigneusement cachés pendant le jour, il ne les étudiait que la nuit.

Après avoir consulté les bons traités qui existent en Allemagne, et surtout après avoir analysé les nombreuses et sublimes productions de Handel, Mozart et Haydn, il crut pouvoir tenter un début dans la carrière qu'il s'était ouverte ; il fit exécuter une symphonie à grand orchestre, ainsi que plusieurs scènes italiennes composées pour un excellent ténor que l'électeur avait engagé. Ces scènes obtinrent particulièrement beaucoup de succès. L'auteur n'avait encore que dix-sept ans. Encouragé par cet heureux essai, il continua ses études, mais ouvertement et du consentement de son oncle, avec son collègue et son ami, l'illustre Van Beethoven.

L'électeur avait créé une université à Bonn ; il y avait appelé des professeurs distingués ; Reicha, qui de bonne heure avait manifesté du goût pour la lecture des livres où il pouvait puiser une instruction solide, suivit assidûment les cours de cette université ; les élèves qui s'y distinguaient par des progrès marquants, étaient ses amis. La littérature et les sciences abstraites faisaient ses délices ; il y consacrait tous ses moments de loisir et se délassait ainsi de ses travaux de composition. Il m'a souvent dit que l'algèbre et la philosophie de Kant, alors fort goûtée en Allemagne, lui avaient été très utiles, en lui donnant un esprit d'analyse auquel il était en grande partie redevable des lumières qu'il avait acquises dans son art.

Partageant son temps entre des occupations qui toutes lui plaisaient, chéri de son oncle et de sa tante comme s'il eût été leur enfant, gagnant d'ailleurs quelque peu d'argent, Reicha vivait heureux, lorsque la révolution de France vint changer sa destinée. En 1794, les Français ayant pris possession de l'électorat de Cologne, la cour se dispersa ; ceux qui avaient des emplois, les perdirent. Joseph Reicha, dont les affections et les intérêts étaient froissés par ces événements, exigea que son neveu quittât la ville, afin, disait-il, de ne pas se laisser corrompre par les principes révolutionnaires. Celui-ci obéit ; il alla se fixer à Hambourg, où il demeura pendant cinq ans.

Là, pour la première fois abandonné à lui-même, sans amis, sans conseils, sans nulle expérience du monde, Reicha n'a point d'autre passion que celle du travail, ni d'autre distraction que la variété qu'il met dans ses études; il y consacre tout le temps qu'il n'emploie pas à donner des leçons d'harmonie et de piano ou à composer, passant plusieurs nuits de suite sans dormir, et, bien mieux, sans en éprouver de fatigue, grâce à une constitution robuste et à une santé qu'aucune irrégularité de conduite n'avait altérée. C'est ainsi qu'il se console de l'isolement où il est réduit, et que ses observations l'amènent à méditer sérieusement sur la composition musicale, sur sa nature, sur la manière de l'enseigner, sur l'abus que l'on peut faire de ses moyens. Frappé du peu de clarté des ouvrages qu'il a entre les mains, il cherche un système raisonné et satisfaisant pour l'esprit, qui puisse faciliter les abords de la science à laquelle il se voue. Théoricien et praticien, c'est-à-dire, composant sans cesse tout en s'occupant de la théorie de son art, il met son attention à discerner les opérations qui résultent purement de l'esprit et celles qui ont pour cause essentielle le sentiment.

Il y avait alors beaucoup d'émigrés français réfugiés à Hambourg; ils y avaient monté un théâtre français. Reicha, désirant s'exercer sur la prosodie de la langue française, obtint de l'un d'eux un opéra en deux actes, intitulé : *Obaldi ou les Français en Egypte*, qu'il mit en musique. L'administration du théâtre lui fit des offres avantageuses pour avoir le droit de faire représenter son opéra; mais il préféra suivre le conseil qu'on lui donna de le porter à Paris, où il arriva vers la fin de 1799, quinze jours avant que Bonaparte ne revînt d'Egypte. La circonstance était favorable; malheureusement le poëme ne valait rien. Présenté successivement à Favart et à Feydeau, il fut refusé à ces deux theâtres, et la musique ne pouvant se produire seule, elle rentra dans les cartons du compositeur. Reicha se consola de ce désappointement, en débutant à Paris par une symphonie à grand orchestre, qu'il fit exécuter, en 1800, au Concert des Amateurs de la rue de Cléry, fort en vogue à cette époque. Plus tard, il fit entendre une autre symphonie au grand Opéra,

sous la direction de Devismes , et une ouverture
au théâtre Favart , dans un concert donné par
Rode. Les scènes italiennes, ses premières productions , furent chantées par Garat dans d'autres
concerts. Néanmoins , ces moyens de se faire connaître étant peu utiles à sa fortune , il chercha à
se procurer un poëme pour arriver au théâtre.
Dans ce but, Madame Saint-Aubin le présenta à ses
amis ; mais aucun d'eux ne voulut lui confier sa
fortune lyrique. Enfin , sur la recommandation
de Grétry , Guy , l'auteur d'*Anacréon chez Poly-
crate,* lui remit un opéra intitulé *l'Ouragan,* qu'il
retira bientôt après.

Fatigué, mais non découragé par ces difficultés,
Reicha se décida à aller passer quelques années
à Vienne, auprès de Joseph Haydn, afin de pro-
fiter des conseils de ce grand maître. Il partit de
Paris en 1802. Haydn était alors trop âgé pour
donner des leçons suivies et régulières ; mais Reicha n'en avait pas besoin, et ce n'était pas ce qu'il
venait chercher auprès de lui, l'entendre, causer
de son art, était tout ce qu'il souhaitait. Dès la
première visite, ils se témoignèrent l'un à l'autre
un vif désir de se revoir ; bientôt ils se lièrent d'a-
mitié, et c'est Reicha qui introduisit chez Haydn
le secrétaire-d'état duc de Bassano Maret, MM.
Etienne, Cherubini, Baillot, et beaucoup d'autres
personnes qui se trouvaient à Vienne, lors de la
campagne d'Austerlitz.

Bientôt Reicha fut présenté à l'impératrice Ma-
rie-Thérèse , mère de Marie-Louise ; admis à ses

concerts, où brillait Crescentini, il fut chargé par elle de faire la musique d'un poëme italien intitulé : *Argina, regina di Granata,* qui fut joué dans ses appartements et où elle chanta elle-même. Un peu avant ce temps, Reicha avait reçu du prince Louis-Ferdinand de Prusse (celui qui fut tué quelques années après sur le champ de bataille d'Iéna) une lettre très flatteuse, par laquelle ce prince l'invitait à venir se fixer auprès de lui, en qualité de professeur de composition, avec promesse de lui procurer la première place vacante de maître-de-chapelle à la cour de Berlin. On sait que le prince Ferdinand était un amateur de musique très distingué et qu'il touchait du piano comme un véritable artiste, ce qui rendait sa proposition d'autant plus séduisante. Mais l'austère Reicha fut effrayé par les habitudes d'une cour dissipée ; il fallait d'ailleurs quitter Haydn, dont la grande expérience lui était si précieuse pour le perfectionnement de son talent. Sacrifiant sans peine l'intérêt de sa fortune à celui de l'art, il refusa.

Pendant les six années passées à Vienne, où il retrouva Beethoven, Reicha a composé et publié plus de cinquante ouvrages, presque tous gravés à Leipsick, chez Breef-Kopfel-Hœrtel. Les principaux sont : Un œuvre de trente-six fugues pour le piano, d'après un système tout à fait nouveau, dédié à Haydn et précédé d'une ode dédicatoire allemande, avec la traduction en vers français par M. Vanderbourg, œuvre qui fut accueilli comme une production extraordinaire ;

puis, une cantate pour orchestre, très developpée et fort curieuse sous le rapport de la conception; elle a été faite sur un petit poëme très célèbre en Allemagne, intitulé: *Burgers Lenore;* mais les paroles étaient de telle nature que la censure de Vienne ne crut pas pouvoir accorder la permission de la chanter en public, ce qui détermina Reicha à porter son ouvrage à Leipsick. A peine y est-il arrivé que le canon se fait entendre; la bataille d'Iéna est perdue par les Prussiens; l'armée française inonde toute la Saxe, et la veille du jour fixé pour le concert, une partie des troupes victorieuses entre dans la ville, tandis qu'une autre bivouaque aux portes. Les fêtes, les spectacles, les concerts, tout est interrompu; les routes deviennent peu sûres, et Reicha est forcé de passer à Leipsick quatre mois en pure perte. Enfin, il peut retourner à Vienne. Il y met au jour un *opera seria,* un *oratorio,* un *requiem,* et six grands quintettes pour instruments à cordes, qui ont contribué à établir sa réputation en Allemagne. Trois de ces derniers ont été gravés à Paris.

En 1808, l'Autriche étant menacée d'une nouvelle guerre avec la France, et les environs de Vienne devant être, selon toute apparence, le théâtre de cette guerre, Reicha revint à Paris; il s'y fixa définitivement, et depuis il n'a plus quitté la France, qui est devenue sa patrie adoptive. A son arrivée, il reçut de M. Érard la plus cordiale hospitalité, et du doyen de nos professeurs de piano, M. Adam, le plus bienveillant accueil.

Il s'empressa de faire exécuter au Conservatoire une nouvelle symphonie, qui fut très goûtée, et acceptant le défi de traiter en fugue la marche de l'opéra des *Deux Journées*, par M. Cherubini, il développa dans ce travail, non seulement toute la science qui le caractérisait, mais encore un charme qu'on n'était point habitué à trouver dans le style fugué. Il dédia cet œuvre à M. Cherubini.

Reicha n'avait été connu jusqu'alors que comme compositeur; mais, à partir de 1809, il devint un professeur de composition très estimé; voici comment. Les beautés répandues dans les œuvres de Hadyn, de Mozart et de Beethoven, notamment dans leurs quatuors et quintettes, inspiraient à plusieurs élèves du Conservatoire, devenus pour la plupart professeurs dans cet établissement, une haute opinion de l'école allemande, et leur faisaient éprouver le désir de recommencer, avec un professeur qui eût la tradition de cette école, les études d'harmonie et de contre-point qu'ils avaient déjà faites dans les classes du Conservatoire. Ils étaient dans cette disposition, lorsque le théâtre Feydeau donna *Cagliostro*, opéra-comique en trois actes, dont les paroles étaient de M. Em. Dupaty; la musique, de MM. Reicha et Dourlens. Le style de l'ouverture et de différens morceaux écrits par le premier de ces musiciens, formant les deux tiers de l'ouvrage, décelait une grande science. Deux de ces élèves attachés à l'orchestre de ce théâtre, MM. Bouffil et Guénée, allèrent aussitôt trouver l'auteur, qui fut aussi surpris que charmé de cette visite, et consentit à leur donner des leçons. Dès la première, il sut rendre si attrayante la matière de son enseignement, que le jour de la leçon n'arrivait jamais assez vîte au gré de leur impatience. Ils en parlèrent partout avec enthousiasme. MM. Habeneck aîné, Vogt, Dauprat, Guillou, Mengal aîné, vinrent bientôt se joindre à eux. Des maîtres illustres, MM. Rode, Baillot, et plusieurs autres dont les noms sont connus de toute l'Europe musicale, furent curieux de connaître la nouvelle école. On sait à quel point elle a fructifié. Une quantité innombrable d'élèves en sont sortis et se sont répandus dans toutes les parties du monde civilisé. Un tel succès était infaillible, du moment où les premiers propagateurs de la méthode étaient des artistes capables de la juger et qu'on ne pouvait soupçonner de partialité. Cette faveur dura pour Reicha jusqu'à la fin de sa carrière. Un des derniers lauréats dans la classe de composition au Conservatoire, M. Dancla, fut un de ses disciples, et, par un singulier hasard, plusieurs quatuors de ce jeune musicien furent exécutés, en 1836, dans la même maison où son maître avait occupé une très modeste chambre en arrivant à Paris (1).

Les instruments à vent manquaient non seulement de musique classique, mais même de bonne musique ; aucun compositeur célèbre n'avait écrit particulièrement pour eux, tandis que les ins-

____
(1) Rue des Bons-Enfans, n° 30.

truments à cordes étaient riches en excellentes productions. Frappé des effets neufs et variés qui pouvaient résulter d'un heureux mélange des premiers, Reicha eut l'idée d'associer les cinq principaux, savoir , la flûte, le hautbois, la clarinette, le cor et le basson. Pour les employer convenablement et les faire valoir , il fallait acquérir des connaissances approfondies sur la nature de chacun d'eux et créer des combinaisons nouvelles. Reicha se mit à l'œuvre avec ardeur. Après avoir pris quelques renseignements auprès des professeurs les plus habiles, il fit paraître successivement six quintettes, qui furent exécutés d'une façon merveilleuse par MM. Guillou, Vogt, Bouffil, Dauprat et Henry, pendant trois hivers consécutifs, au foyer de la salle Favart. C'était le rendez-vous de tout ce que Paris renfermait de plus distingué en artistes et en amateurs ; madame de Montgeroult, devenue plus tard son élève, la princesse de Vaudemont, le comte de Goltz, MM. de Polignac, de Grammont, de Louvois, et beaucoup d'autres personnages éminens , étaient très assidus à ces séances ; M. Cherubini disait que cette musique le préoccupait tellement qu'il en avait les nerfs irrités. ; la célèbre cantatrice madame Catalani, alors directrice du théâtre, ne négligeait aucun moyen de témoigner sa satisfaction. Excité par les félicitations qu'il recevait, Reicha porta le nombre de ses quintettes à vingt-quatre, publiés en quatre livraisons, dont une est dédiée à M. le marquis de Louvois. La faveur immense qu'ils obtinrent, ouvrit à l'auteur les portes du Conservatoire, où il entra en 1818, avec le titre de professeur de contre-point. Viotti, placé à la tête du grand Opéra, les fit figurer pendant deux années de suite dans les concerts spirituels. Tout le monde a voulu depuis les entendre, et partout ils ont produit les mêmes sensations d'étonnement et de plaisir. Le temps a consacré ce succès ; aujourd'hui l'on considère généralement les quintettes de Reicha comme des chefs-d'œuvre dignes de rivaliser avec ceux de Haydn, de Mozart et de Beethoven. Ils ont en outre beaucoup contribué au perfectionnement des instruments à vent. En témoignage de sa gratitude pour les soins que les cinq virtuoses avaient apportés à l'exécution de ces quintettes d'un genre absolument neuf, Reicha offrit à chacun d'eux un quintette spécial pour son instrument, avec accompagnément de deux violons, alto et violoncelle. Quatre de ces morceaux ont été publiés ; celui de basson est seul resté inédit. C'est aussi à la demande de ces artistes, et particulièrement de M. Vogt, qu'il fit ses beaux *adagio* de cor anglais, accompagnés par la flûte, la clarinette, le cor et le basson.

Reicha a aussi publié plusieurs œuvres de quatuors pour deux violons, alto et violoncelle, et six trios pour piano, violon et violoncelle, dont MM. Tilmant ont souvent été les brillants interprètes. Le premier œuvre de ces quatuors contient un *andante* que M. Baillot affectionnait, et qu'il a joué fréquemment dans ses intéressantes soirées. Toutefois, il faut le reconnaître, dans cette voie tracée par d'autres, le compositeur s'est montré moins hardi, moins original ; enchaîné par une forme depuis long-temps adoptée, son allure est devenue moins libre ; il fallait, pour l'électriser, l'attrait d'une conception extraordinaire ; il se plaisait dans la recherche des combinaisons nouvelles, et ne se passionnait que pour les effets d'harmonie *piquants,* suivant son expression habituelle et caractéristique. Ses ouvrages les plus remarquables en sont une preuve, et plus d'une fois il s'est créé des difficultés pour avoir le plaisir de les vaincre. Ainsi la fantaisie lui prit un jour de faire deux quatuors, l'un en *sol* majeur pour les instruments à cordes, l'autre en *mi* mineur pour les instruments à vent, mais avec la condition de marier les deux quatuors de manière qu'ils ne fissent qu'un seul tout. Quiconque s'occupe de la composition concevra ce que présentait d'entraves la réalisation d'un semblable problême ; cependant il en triompha. MM. Bender, fameux clarinettistes allemands, étant venus à Paris, ils lui demandèrent un morceau pour deux clarinettes. Afin de les satisfaire et de rendre en même temps ce travail intéressant pour lui, il fit un sextuor pour deux clarinettes concertantes, l'une en *la* et l'autre en *si*, avec accompagnement de deux violons, alto et basse ; la différence d'un demi-ton qui existe entre ces deux genres de clarinettes, rendait ce second problême tout aussi difficile à résoudre que le premier ; Reicha s'en tira encore avec bonheur. Du reste, il avait une grande prédilection pour les instruments à vent, et c'était de sa part une sorte de reconnaissance ; il a réussi dans tout ce qu'il a tenté pour eux. M. Dauprat ayant fait en sa présence l'éloge des trios pour trois cors, composés par son maître Kenn, Reicha désira les entendre, et sous l'impression de cette musique, aidé de quelques instructions verbales sur le cor, sur ses deux genres et sur l'étendue respective de chacun, il écrivit aussi pour trois cors vingt-quatre morceaux, qui sont des modèles de grâce et de facture. Je ne puis me dispenser de citer encore une production très curieuse sous le rapport des combinaisons scientifiques ; c'est un recueil de douze duos pour violon et violoncelle ou piano, précédé d'un petit traité ou observations didactiques sur l'harmonie à deux parties, précis excellent sur les ressources qu'offre l'emploi de cette sorte d'harmonie, lorsqu'il est fait avec talent. Ce traité, rendu sensible par des exemples en contre-point double à l'octave, est d'autant plus précieux que la bonne harmonie à deux parties a des finesses qui lui sont propres ; bornée dans ses moyens, elle n'en est que plus délicate, surtout dans le choix des intervalles, et cette matière est à peine abordée dans les traités existans.

Deux opéras de Reicha, *Natalie ou la Famille russe* et *Sapho*, ont été joués à l'Académie royale de Musique, l'un en 1816, l'autre en 1822. Pour le premier de ces ouvrages, Guy, auteur du poëme, étant à deux cents lieues de Paris, le musicien fut obligé de suivre lui-même la mise en scène. Seul, en butte aux mille désappointements suscités par les rivalités et les mauvais vouloirs qui ne manquent jamais d'assaillir les débutants sans protecteurs, étranger aux intrigues, et partant, inhabile à les déjouer, Reicha, débordé par l'activité des uns, rebuté par la force d'inertie des autres, laissa aller les choses comme elles purent. L'été, cette saison si défavorable aux épreuves théâtrales, fut choisi pour la première représentation. Après la sixième, un des acteurs dont le rôle était important, obtint un congé de plusieurs mois; quand il revint, tout était oublié. *Sapho* eut à-peu-près le même sort, et n'eut que douze représentations. Ces échecs dégoûtèrent Reicha du théâtre, et il garda en porte-feuille *Philoctète*, opéra en deux actes qu'il avait composé avant *Sapho*. Mais il était en fond pour se dédommager.

La faiblesse des poëmes et plusieurs chances malheureuses ont beaucoup nui sans doute à l'accueil que méritaient des partitions où il se trouve de belles pages; le style en est généralement noble, l'expression juste, le récitatif majestueux et riche; cependant on ne peut se dissimuler que l'absence d'inspiration se fait sentir dans les airs. Doué d'une imagination active, d'un sentiment vif et des principales qualités qui constituent le grand musicien, Reicha s'était trop exclusivement appliqué à ce qui est l'objet du raisonnement pour être aussi accessible, lorsqu'il s'agissait du style peu compliqué de la musique dramatique, à cette exaltation d'où jaillissent les idées spontanées et chaleureuses qui subjuguent les auditeurs et entraînent les applaudissemens sympathiques. En général, les hommes qui ont approfondi une science, ne paraissent trouver de charme qu'aux choses difficiles et n'être émus que par la découverte de quelque phénomène, indépendamment de ce que l'habitude de traiter un même genre sans interruption, rend moins apte à réussir dans les autres. L'imagination de Reicha se plaisait à enfanter des hypothèses harmoniques; le degré de sentiment dont il était pourvu, le portait à les embrasser avec ardeur comme effets nouveaux, et, je le répète avec lui, comme moyens *piquants* de variété. On achève de s'en convaincre en examinant les ouvrages qui ont fondé sa réputation, et surtout ceux qui sont devenus ses principaux titres de gloire; je veux parler de ses ouvrages didactiques.

Le premier parut en 1814; c'est le *Traité de Mélodie, abstraction faite de ses rapports avec l'Harmonie.* Il a pour objet d'enseigner théoriquement l'art de créer des chants; à cet effet, il explique comment les idées se formulent, se développent et s'enchaînent; il démontre la puissance du rhythme, et, analysant la période musicale, il en fait ressortir une analogie parfaite avec la période grammaticale. Méhul avait déjà écrit de nombreuses remarques sur ce livre instructif dans la vue d'en rendre compte à l'Institut, lorsque la mort vint le frapper au milieu de ses travaux. L'Italie s'est montrée quelque peu jalouse de ce qu'un étranger avait tracé d'une manière aussi frappante que complète les règles de la mélopée, qu'elle s'était depuis long-temps habituée à regarder comme son domaine.

Le *Cours de Composition musicale ou Traité complet et raisonné d'Harmonie pratique,* publié cinq ou six ans plus tard, fit la fortune de l'éditeur. Sans afficher de hautes prétentions méthodiques, ce cours, éminemment rationnel, dut principalement sa vogue à l'exposition d'une théorie simple et lucide sur la formation et l'affinité des accords, et en outre à des notions utiles sur l'instrumentation, sur les notes de passage chromatiques et sur d'autres objets importans à connaître, dont il n'est pas question, que je sache, dans les précédens traités d'harmonie.

Le *Traité de haute Composition, faisant suite au cours d'Harmonie,* s'occupe des différentes sortes de contre-points et de canons, des fugues anciennes et modernes, vocales et instrumentales, des doubles chœurs, de l'emploi du genre fugué dans la musique sacrée, instrumentale et théâtrale, enfin, de la coupe des pièces de musique dont se composent la symphonie proprement dite et la musique de chambre qui en dérive. Dans ce traité, qui parut en 1824, Reicha, en montrant combien sont peu fondées les délicatesses méticuleuses de quelques puristes, se garde bien néanmoins de proclamer que tout est permis; seulement, il s'efforce de concilier les lois rigoureuses du style ancien avec les exigences de notre époque ; il desserre des liens, dans la crainte qu'on ne les rompe. C'est un acte de prudence, à la fois conservateur des principes et favorable aux progrès.

Pour complément des études musicales, Reicha a donné, en 1833, l'*Art du Compositeur dramatique*, qui contient des aperçus fins et des préceptes utiles sur la prosodie, la poésie, les voix, la facture et la coupe des divers morceaux de musique employés au théâtre.

Tous ces ouvrages, neufs pour la forme et le fond, ont été traduits dans plusieurs langues ; ils servent à l'enseignement de la composition à Bologne, à Rome et à Naples ; ils ont obtenu une renommée européenne, et ont placé leur auteur parmi les meilleurs professeurs de composition. C'est surtout en cette qualité que Reicha a rendu les plus grands services à la musique en France ; ses disciples, partout répandus, propagent la doctrine féconde à laquelle ils doivent leur talent. Les uns sont devenus d'habiles chefs d'orchestre ; d'autres, des virtuoses du premier ordre ; en développant leur intelligence musicale et en fortifiant leur organisation, l'étude de l'harmonie les a beaucoup aidés à acquérir la supériorité d'exécution qui les distingue. D'autres enfin ont produit des œuvres remarquables par la pureté et la vigueur du style. Au reste, depuis les quatuors et les quintettes si justement célèbres de M. Georges Onslow, jusqu'aux quadrilles animés et pittoresques de M. Musard, les productions de compositeurs qui ont puisé leur éducation musicale à la même source, sont de natures si diverses, qu'elles attestent le respect du maître pour l'individualité de chacun. Effectivement, Reicha, conservant avec un soin scrupuleux le jet primitif, la pensée, le sentiment, le coloris de l'élève, ne rectifiait que ce qui était incorrect, n'élaguait que ce qui était superflu. Il posait en principe qu'il fallait apprendre à écrire purement pour en contracter l'habitude, et travailler ensuite avec aisance et correction tout à la fois. Il aimait à communiquer ses connaissances, à cultiver des esprits jeunes et capables. La sagacité de son jugement lui faisait discerner tout de suite le genre de talent propre à chaque élève. Aussi M. Rossini, qui appréciait son mérite et lui rendait pleine justice, indiquait-il constamment Reicha aux jeunes gens qui le priaient de les guider dans le choix d'un professeur d'harmonie.

Marié à une française et dès long-temps français d'affection, Reicha reçut, en 1829, des lettres de naturalisation. En 1831, il fut décoré de la croix de la Légion-d'Honneur. Il ne manquait plus à sa légitime ambition que d'être admis dans le sein de l'Institut, et personne assurément n'avait plus de droit à une pareille distinction; mais les corps savants, comme toutes les autres puissances sociales, n'accordent guère de prérogatives sans qu'on les sollicite, et Reicha ne pouvait s'y résoudre. Il lui répugnait de se

faire lui-même son apologiste, et d'aller de porte
en porte mendier un vote ; ce ne fut pas sans
peine qu'on le décida à faire au moins l'indispen-
sable, lorsqu'il se présenta une vacance. A cette
occasion, je suis heureux de signaler un trait de
délicatesse fort honorable pour son auteur; chaque fois qu'il s'est agi de dresser une liste de can-
didats, M. Onslow s'est refusé formellement à
entrer en concurrence avec Reicha. Il est certain
que l'éloignement de celui-ci pour les démarches
usitées n'a pas peu contribué à retarder sa nomina-
tion jusqu'en 1835, époque où il est entré dans la
section de musique, en remplacement de Boïeldieu.
Cette promotion, dont il a peu joui, comblait ses
désirs sans éteindre son activité; il se disposait, au
contraire, à de nouveaux travaux, et il venait de
fournir l'article *Contre - point* à l'*Encyclopédie*
des Gens du Monde, lorsqu'au sortir de l'Institut
après une séance du samedi, il fut saisi d'un re-
froidissement qui provoqua une fluxion de poi-
trine bilieuse, à laquelle il succomba au bout
de huit jours, le 28 mai 1836, dans sa soixante-
sixième année.

Ses obsèques ont eu lieu le 1er juin suivant.
Une députation de l'Institut, toutes les notabili-
tés musicales et une foule d'artistes de tous genres, réunis dès le matin dans la maison mor-
tuaire (1), ont suivi à pied le char funèbre jusqu'à l'église de Saint-Roch, sa paroisse, où les

(1) Rue de la Chaussée d'Antin, n° 50.

premiers artistes de la capitale ont concouru par leur talent à la solennité du service qui y a été célébré. Le convoi s'est ensuite dirigé vers le cimetière de l'Est, où Reicha fut inhumé non loin de Grétry et de Boïeldieu. Pendant les dernières cérémonies du culte, on s'est groupé en silence autour de la tombe. Après un moment d'attente, dans l'espoir qu'un organe de l'Institut rendrait à l'illustre défunt l'hommage officiel que l'Académie est dans l'usage immémorial d'accorder à ses membres, M. Elwart, répétiteur de la classe de Reicha, a pris la parole au nom des élèves, et dans un discours simple et touchant, il a retracé les éminentes qualités du maître. Une liste de souscription, ouverte le même jour au Conservatoire pour l'érection d'un mausolée, a été aussitôt remplie. Professeurs et élèves s'y sont inscrits à l'envi, et depuis, de nouveaux noms y ont été ajoutés. Ce monument, orné d'un buste de Reicha et d'un bas-relief allégorique, a été exécuté par M. Molchneht, statuaire, sur les dessins de M. Thiollet, architecte (1). On s'est contenté de rappeler sur la pierre tumulaire le nom et les titres de l'illustre mort, comme l'inscription la plus honorable à sa mémoire.

Reicha a composé plus de cent œuvres de musique. Les plus remarquables, après ceux qui ont déjà été mentionnés, sont: Douze trios pour deux

(1) Ces artistes ont rivalisé de zèle et de désintéressement.

cors et violoncelle; un octuor pour quatre instruments à cordes et quatre à vent, avec contre-basse
ad libitum; un diecetto pour flûte, hautbois, clarinette, cor et basson, deux violons, alto, violoncelle et contre-basse *ad libitum;* un solo de cor alto
avec accompagnement d'orchestre : un trio pour
trois violoncelles; un quatuor pour quatre flûtes;
un *Te Deum;* un cantique sur des paroles françaises,
à deux chœurs de douze et seize voix, avec quatre
voix récitantes et accompagnement d'orgue; enfin, une pièce de musique pour célébrer la mémoire des grands hommes et des grands évè-
nements.

Reicha a concouru puissamment, dans sa spé-
cialité, à l'œuvre du siècle, savoir, le résumé
des connaissances acquises et l'application des
doctrines aux faits. Pénétré de cette vérité,
qu'une science n'est qu'un moyen à l'aide duquel
l'esprit humain cherche à découvrir le chemin le
plus sûr pour arriver à un but donné, et que,
par conséquent, la réalisation d'une œuvre
quelconque est la fin de toute science, il s'est at-
taché à réduire en principes clairs et aussi peu
nombreux que possible, les lois d'après lesquelles
on peut exprimer les pensées musicales. Laissant
de côté les abstractions, il s'est rapproché de
l'observation positive, et repoussant certaines
méthodes purement pratiques, qui ne s'occu-
pent que de l'amalgame des sons pris isolé-
ment, il s'est arrêté à un système plus rationnel,
plus propre à faciliter les applications. Ainsi,

sans rechercher si tous les accords sont engendrés par un son unique, ou s'il n'existe véritablement qu'un seul accord qui contient tous les autres, il satisfait à tous les besoins du compositeur avec treize accords et quelques enjambements d'un des sons d'un accord sur un des sons d'un autre. Il indique en même temps un moyen facile et sûr de reconnaître la constitution de ces accords, sous quelque face qu'ils se présentent, leur marche naturelle et celle des notes formant les intervalles dont ils sont composés. C'est la règle de la basse fondamentale, non de tous les accords, mais de chaque accord en particulier, ce qui rend inutile de savoir par exemple que les sons *fa* bécarre, *si* bécarre donnent un intervalle de trois tons, nommé par cette raison *Accord de triton*, ou plus convenablement *Quarte augmentée*, parce qu'il n'est qu'une fraction d'un accord de dominante avec septième, dont chaque note a une marche déterminée ; de plus, si l'on n'écrit qu'à deux parties l'emploi du triton est facile, mais le travail se complique quand il faut y ajouter un troisième, et quelquefois un quatrième son, tandis que suivant le système de Reicha, une règle unique et concise suffit dans l'un et l'autre cas. Ce théoricien a, d'ailleurs, le mérite d'avoir supprimé un grand nombre de termes techniques, qui, lorsqu'ils ne sont pas vicieux, sont au moins inutiles.

Reicha a dignement rempli la mission qu'il s'était donnée ; il a soumis à ses investigations toutes

les parties de la science, n'a rien omis d'important, et a comblé beaucoup de lacunes. Il a, en outre, enrichi l'art par un grand nombre d'effets
nouveaux d'harmonie ou d'instrumentation.
D'autres ont fait dans leurs ouvrages l'application de ses vues ; mais l'honneur de la découverte
lui appartient. Quelque jugement que l'on porte de
son école, il est certain qu'elle a été féconde, et
sans nul doute aussi, les semences de talent qu'elle
a répandues, germeront et produiront leurs fruits.
Il n'en est pas moins fâcheux qu'on n'ait pas cru
devoir la perpétuer dans le Conservatoire, en
confiant la classe du professeur titulaire devenue
vacante, soit au professeur adjoint qui possé-
dait vraisemblablement la capacité nécessaire,
sinon pour le remplacer, du moins pour lui suc-
céder; soit à ceux de ses disciples dont il faisait
le plus de cas et qui soutiennent honorablement
l'héritage de sa doctrine et de ses exemples. Quoi-
qu'il en soit, cette école prospèrera; elle est
connue partout, en France, en Allemagne, en
Angleterre et jusque dans l'Inde. Aucun musicien
instruit et studieux, à quelque nation qu'il appar-
tienne, n'oubliera que c'est à Reicha qu'il doit le
plaisir de bien comprendre l'ensemble de la
science musicale. Ses nombreux amis regretteront
toujours en lui l'homme de bien, ami de la vérité,
ennemi de la morgue et du pédantisme scolas-
tique, recherchant moins la gloire que l'utilité,
et ne célant à personne la découverte qu'il croyait
profitable à tous. Pour mon compte, en publiant

cette notice, j'accomplis un devoir; car je paie un
juste tribut de vénération et de reconnaissance au
savant illustre qui fut mon maître et qui m'honora
de son amitié.

LISTE DE LA SOUSCRIPTION.

S. A. R. Madame Adélaïde d'Orléans. . . . . . . 50 fr.
Monsieur le Ministre de l'Intérieur . . . . 300 fr.

COMMISSION DE SOUSCRIPTION.

MM. Paër . . . . 30 fr.
Lesueur . . . . 10.
Baillot . . . . 10.
Adam (père) . . . . 10.
Dauprat . . . . . . 20.
Pillet-Will . . . . . .
Bertin . . . . 40.
Elwart . . . . 10.
Bouffil . . . . 20.
Delaire (*secrétaire*). 20.

MM.	MM.	MM.
Adam (Adolphe) 10.	Combes (colonel de la) 100.	Garnier (née d'Aubonne Mme) 15.
Alkan 5.	Coninx 5.	Gebauër 5
Ardisson 10.	Consul 10.	Giat 5.
Auber 10.	Dauverné 5.	Goblin 5.
Banderali 5.	Deberc 5.	Gonnod (Ch.) 10.
Barbereau 5.	Delafage (Adrien) 5.	Grandin de l'Eprevier 5.
Barbier (Mme) 5.	Deldevez 5.	
Baudiot 5.	Dérivis 10.	Grécy (Mme) 5.
Bayle 5.	Duverger (née Morel Mme la Barone) 10.	Grisar 10.
Berr 10.		Guénée 5.
Berg (à Strasbourg) 10.	Dumont 5.	Gutmann 5.
Bessems 5.	Farrenc 10.	Habeneck 20.
Bodin (Mlle) 8.	Falckh 5.	Halévy 10.
Boisselot 5.	F* (de) 5.	Hartmann (à Munster) 10.
Bonjour (François) 15.	Fessy 10.	
Bouillat 5.	Fichel 5	Hausmann 10.
B* (Mlle L*) 100.	Filliette 5.	Henry 5.
Cap 5.	Flotow (de) 10.	Henry (Bass^te) 5.
Caraffa 10.	Fontaine) Ant^e) 6.	Herz (Jacques) 5.
Charles (Aug.) 5.	Fontvann 5.	Herz (Henry) 10.
Chabouillé – Saint-Phal (Mme) 5.	Franck (César-Auguste) 10.	Hormille 5.
Chatel 4.		Jullien 10.
Choiseuil (duc de) 25.	Fresneau 20.	Josse 5.
Chollet (Aug.) 5.	Frey 5.	Kalkbrenner (Ferdinand) 10.
Clavel 3.	Gallay 5.	
Coche 5.	Gay (Ch.) 10.	Kastner 5.
Colet 15.	Garaudé (de) 15.	Lebel 5.

MM.	MM.	MM.
Lemoine (Henry, père 10.	Norblin 5.	Ravina 5.
Listz 10.	Nourrit (Adolp^e) 10.	Riffaut 10.
Livandais (Mme de)20.	Onslow (Georges) 40.	Rigel 10.
Louvrier de Lajolais 5.	Osborne 10.	Romberg (Henry à St-Pétersbourg) 50.
Magner(à Moulins) 20	Otrante (comte Athanase d') 100.	Sayve (Aug^{te} de) 50.
Maillard 5.	Otrante (comte Armand d') 100.	Sceau de la Croix (du) 10.
Marchoux (Mme) 20.	Ouradoux (à Moulins 5.	Seurriot 10.
Meyerbeer 15.	Panseron 5.	Stamaty 20.
Meyfred 5.	Parent (fils) 5.	S. (Mlle de à Moulins) 5.
Miel 5.	Paulin (Mlle Henriette) 5.	Tariot (aîné) 5.
Millin (Mlle Flore) 5.	Paulin (médecin) 15.	Tariot (jeune) 5.
Momy (Mlle à Munster 10.	Ponchard 5.	Tilmant (aîné) 5.
Montault (de) 20.	P. (Mme) 10.	Tolbecque 10.
Moreau 5.	Potier 5.	Vaslin 5.
Morin 5.	Pradher 50.	Vidal 5.
Musard 10.	Prumier 5.	Vogt 5.
Nargeot 5.	Raoul (Amédée) 5.	Mme *** (à Moulins) 5.
Nicou-Choron 10.